ASET

Volume 1

Narrativa

Elisa Cattini

Legami di Sangue

Antologia di racconti

con la prefazione di:

Maria Silvia Avanzato

Eclypsed Word

Editing e impaginazione: R. D. Hastur

Copertina: Davide Romanini

ISBN: 978-88-6817-023-3

Pubblicato da **Eclypsed Word**

Marchio di **Kreattiva Edizioni**
Via Primo Maggio, 416, 41019, Soliera (MO)
Tel. +39 3316113991 +39 3392494874
Cod. Fisc. 90038540366
Partita IVA 03653290365

Prefazione

di Maria Silvia Avanzato

Quando Helga Schneider mette nelle nostre mani un'opera inarrivabile quale "Lasciami andare, madre" crea forse una delle più grandi e meglio riuscite smagliature nella fitta trama che identifica il rapporto madre e figlia. Una fessura che si slabbra e restituisce al lettore un assaggio di suolo torbido e sotterraneo, un rapporto sgretolato dalla paura e fatalmente soppresso da un confronto a lungo rimandato. La madre è belva, carnefice, spettro di un passato sul quale tutti hanno puntato il dito. Lascia in dote il peso della propria eredità facendo della figlia il ramoscello fragile in balia della corrente, germoglio impotente della stessa venefica pianta.

Il tema della madre segregata nella propria remota crudeltà torna anche in queste pagine, quando l'autrice tratteggia i lineamenti delicati di Margherita. Donna abbarbicata all'incedere dei secondi e incapace di vivere il presente, appollaiata sui fotogrammi di un passato che scivola attraverso le frivolezze di una casa di moda, la casualità di un incontro, la fiamma implacabile di una passione e il segreto miracolo della maternità. Donna sbiadita da quel tempo che non sa governare e offuscata dalla colpa, lasciata a macerare in una cella e sradicata da ogni affetto. In una carrellata velocissima di immagini, visioni intrecciate che ricordano l'alzarsi e l'abbassarsi di una palpebra, ci insinuiamo nella vita di Margherita calcando le orme di quei figli che ha perduto. Federico, l'inconsapevole eroe dal viso sporco e il cuore forte. Susanna, la vulnerabile bellezza che fugge dalle ombre. Due stille del suo sangue in giro per il mondo, costretti a inventarsi daccapo e difendersi, incoraggiarsi da soli, trasformarsi per necessità, sempre in bilico sul ciglio di quel vuoto voraginoso dove la madre li ha lasciati molti anni prima. Con il ritmo indiavolato di una ballata, le scene si susseguono dettate dal linguaggio imperativo dei geni: è il retaggio inevitabile di una madre a strapazzare questi personaggi sullo sfondo di paesi impersonali, lontani, vitrei, non caratterizzati. Sono scenografie di cartone, una vale l'altra e nessuna regala la sensazione di essere finalmente al sicuro. Dal sangue non si fugge e ,attraverso queste righe dallo stile semplice e immediato, l'autrice propone un'indagine in quelle immense zone d'ombra che portano i figli a formulare il sofferto "Lasciami andare, madre". Immaginoso e cupo, in questo testo. Tragicamente autobiografico nell'opera della Schneider.

Finché morte non ci separi

Nella sua mente, tutt'altro che alienata, continuavano a scorrere nitide le immagini del suo folle gesto; ricordava perfettamente ogni attimo del terribile giorno in cui la sua vita cambiò radicalmente direzione, nonostante fossero passati ormai trent'anni. Susanna sarebbe arrivata a breve, non ne dubitava, ma di Federico aveva perso ogni traccia; si chiese dove fosse e se stesse vivendo una vita normale. Era, forse, questo il suo più gran rammarico: aver rovinato l'esistenza dei suoi figli, costringendoli a portare il terribile peso di una madre assassina... e per Gerard? Nessun senso di colpa nei suoi confronti. Margherita non lasciò spazio ai pentimenti e mai un cedimento la colse in tutti gli anni trascorsi in galera. Poco più che diciottenne sognava il successo e immaginava un futuro luminoso davanti a sé; oggi nemmeno il ricordo di aspirazioni andate in fumo riusciva a dissuaderla dalla convinzione che era stata fatta giustizia. Si alzò dal letto e percorse i pochi passi che la separavano dallo specchio, guardò per qualche istante la sua immagine riflessa e si passò una mano sotto l'occhio destro seguendo il tratto scuro che lo contornava; si avvicinò ulteriormente osservando l'apparire inesorabile dei segni, anche dei più piccoli, testimoni del dolore che aveva tentato di soffocare per anni. D'improvviso le parve di non essere mai stata giovane. Susanna sarebbe arrivata a minuti; preoccupata per la sciattezza del suo aspetto, Margherita tentò di raccogliersi i capelli, ammaestrando la folta chioma che un tempo aveva fatto girare la testa a parecchi ragazzi. Rammentò quel periodo con lo sguardo perso nel vuoto.

Gli anni '80 erano alle porte quando, ventisettenne e spavalda, non aveva ancora scelto cosa fare nella vita, ma era certa che, qualunque decisione avrebbe preso, sarebbe stata grandiosa. Forte e determinata, non bellissima ma molto carismatica, guardava al futuro con gli occhi di una combattente e con audacia gettava le basi per conquistare nella vita un posto in prima fila. Margherita, figlia del popolare imprenditore di moda Agostino Santi e di Mariella Vico, sua instancabile collaboratrice, era entrata fin da giovanissima nell'impresa di famiglia, ma non aveva creduto nemmeno per un istante che quello sarebbe stato il suo posto. Era certa che le sue sorelle, al contrario, non avrebbero mai sprecato energie per tentare di fare altro nella vita: erano troppo pigre per cercare da sole la loro strada. Viola, la più grande delle tre sorelle Santi, con un colpo di fortuna riuscì a creare una collezione di discreto successo, dando segno di possedere un minimo di creatività. Altea, invece, pensava solo ai suoi 25 anni e a come poter spillare più soldi possibili a suo padre, dal quale riusciva ad ottenere davvero tutto. Ripercorrendo con la mente quei giorni lontani, si chiese cosa fosse andato storto e soprattutto perché quell'uomo avesse deciso di mettersi in mezzo rovinando tutti i suoi piani. Perché fu proprio questo che accadde. Uno ridicolo scontro davanti ad un bar alle porte di Modena, I will follow degli U2 come sottofondo a quell'incontro decisamente singolare, che vedeva Margherita entrare di fretta per una pausa veloce, mentre Gerard ne usciva, intento a leggere un articolo che aveva assorbito totalmente la sua attenzione. L'urto fu inevitabile, lui si scusò per averle fatto cadere sull'asfalto bagnato il plico di riviste che Margherita teneva in mano e si offrì immediatamente di ricompragliele. Lei accettò fingendo un lieve disappunto ed entrambi parvero immediatamente divertiti da quelle schermaglie impreviste. Si ritrovarono ben presto innamorati, o sarebbe più giusto dire che lei si sentiva completamente appagata da quelle poche ore che trascorrevano assieme durante la settimana: il lavoro non concedeva a Gerard grandi pause e la sua passione quasi ossessiva per la musica, riempivano gran parte delle sue giornate. Almeno questo era ciò che raccontava a Margherita, che lo aspettava ovunque a lui facesse comodo e senza mai dubitare di una sua parola. Decise per no di seguirlo in Canada, quando lui ottenne l'incarico presso il Dipartimento di Fisica ed Astronomia dell'Università di Lethbridge, pursapendo che avrebbe sempre vissuto nell'ombra della sfavillante carriera dell'amante e, ancor peggio, di una moglie e un figlio che, seppur palesemente traditi, gli garantivano la credibilità di cui era costantemente alla ricerca. Quella fu la scelta che seppellì definitivamente l'ambizione di Margherita. Ben presto la passione lasciò il posto all'indifferenza. La noncuranza con cui Gerard sedeva alla tavola di Margherita, nelle sempre più rare sere a lei concesse, furono seconde solo ad appuntamenti rinviati con banalissime scuse. Prima di lasciar spazio ad un solo ragionevole dubbio, lei tentò il tutto per tutto nel giustificare il lento e inesorabile distacco. Dapprima sperò che fosse il lavoro il colpevole dell'aridità che li separava o le pressioni continue della famiglia che, a detta di Gerard, ambiva ad indiscussa notorietà, ma destatasi d'improvviso dal torpore di cui si era vestita, Margherita incaricò uno dei suoi tanti amici di fare qualche indagine, scoprendo che era diventata nulla più che un passatempo per lui e che come lei ce n'erano molte altre; né più né meno di un'evasione da formule ed algoritmi che riempivano quella monotona vita alla quale pero lui non avrebbe mai rinunciato, almeno finché Margherita non scoprì di essere rimasta incinta. La notizia fece scattare in lei un desiderio di vendetta irrefrenabile, che nemmeno il pensiero di un figlio in arrivo riuscì ad arrestare. Rivendicava la felicità che lui le aveva fatto soltanto assaggiare e pensava che l'unico modo per assaporarla appieno fosse liberarsi di lui, definitivamente. La corsa pazza con il coupé di suo padre verso l'università, la certezza di trovarlo solo, il coltello da cucina nascosto alla bell'e meglio nella borsa e tanti altri particolari, il cui ricordo, ancora oggi, la tormentava. Poi la calma di Gerard, quel modo pacato e suadente di parlare, fissandola negli occhi; i suoi lunghi passi eleganti lungo la stanza e la facilità con cui era in grado di annientarla, la fecero presto desistere dall'intento omicida. Margherita sapeva, in cuor suo, come quella fosse soltanto una tregua e non una resa. Non gli disse nemmeno che aspettava un figlio da lui. Un figlio sul quale riverso tutto l'amore a cui Gerard aveva rinunciato.

Si riprese dall'ondata di ricordi, constatando il ritardo di Susanna. Iniziò a camminare su e giù per la sua cella, prese un libro da un ripiano impolverato per sfogliarne distrattamente qualche pagina. Tra i fogli ormai consunti dalle ripetute letture, trovò una foto di Federico che teneva in braccio Susanna e cercò immediatamente di soffocare quel mare in piena che cercava a tutti i costi di annegare i suoi occhi. Si girò verso l'angolo della cella, infilò la testa nel secchio della spazzatura ed inizio a vomitare. Si sciacquò il viso, ma non servì a spazzare via il pensiero di quel giorno. Era stata scattata in ospedale, quella fotografia, il giorno in cui nasceva Susanna. Quella fu una notte davvero terribile.

Erano passati anni ormai dalla fine della relazione con Gerard, Margherita si era rifatta una vita, o meglio, aveva tentato di guarire dalle ferite causate dal fallimento della storia con Gerard, sposando un uomo buono. Sapeva bene che si trattava di una farsa, ma doveva pur cercare di tirare fuori la testa da quell'onda gigantesca che l'aveva travolta e le parve l'idea migliore siglare quel tentativo dando alla luce il glio di un altro. Mai si sarebbe aspettata, pero, che solo nove mesi dopo, la sua vita sarebbe franata nuovamente; stavolta irrimediabilmente verso il fondo. La sua mente corse di nuovo alla notte in cui Susanna venne al mondo. Una notte tinteggiata del rosso di mille terribili eventi. L'ansia per come Federico avrebbe reagito alla nascita di Susanna superava di gran lunga i dolori del parto imminente, Margherita non riusciva a godere appieno dell'arrivo di sua figlia. C'era qualcosa di particolare che la legava a quel bambino: la forza contrastante tra la gioia di averlo e l'odio che provava per il padre, che le aveva negato il sogno di una vita felice. Si mise a sedere sulle lenzuola logore del suo giaciglio e guardò il panorama attraverso le sbarre. Ciò che vide fuori le parve identico a quello che aveva dentro: arido dove un tempo c'era vita. Rammentò uno dei suoi sogni di ragazzina: visitare, un giorno, le cascate del Niagara; eppure, nonostante vivesse in Canada da più di trent'anni, non riusciva a ricordare altro che il lunghissimo scandire dei secondi trascorsi in quel buco di pochi metri in cui l'avevano rinchiusa.

Tornò con la mente a sua figlia e al suo così ampio ritardo e iniziò a preoccuparsi, pensando le fosse successo qualcosa... era così puntale, di solito. Vederla ogni volta riportava a galla pensieri che Margherita aveva tentato spesso di cancellare, ma quel giorno in particolare si accanivano prepotenti e non volevano saperne di darle tregua. D'improvviso si spiegò il logorio costante di quelle ore grigie: era il giorno del compleanno di Susanna e lei lo aveva di nuovo scordato. Il giorno del ventisettesimo compleanno di Susanna; il ventisettesimo anniversario della morte di Gerard. Un lampo squarciò il cielo facendola sobbalzare e l'immagine di quei concitati minuti di quasi trent'anni prima fece ritorno, vivida, nella sua mente, torturandola ancora.

La porta della stanza fredda e semibuia dell'ospedale si spalancò d'un tratto, Gerard entrò farneticante, gridando di aver scoperto tutto e rivendicando il diritto di essere padre e, a rendere l'atmosfera ancor più surreale, lo stato di semicoscienza di Margherita. Mai avrebbe immaginato di rivedere Gerard, ancor meno in quella particolare condizione.

Poi luce, pausa; occhi, passi, l'inconfondibile profumo di Gerard. Silenzio e parole, pausa; lacrime, rabbia, urla, nebbia, pausa; forza, una spinta, sangue, ancora sangue, fiato corto, ancora pochi passi e la vita di Margherita cambio bruscamente direzione.

Da lì in poi, solo frammenti confusi animavano la sua mente. Non tentò nemmeno di opporsi quando i poliziotti fecero irruzione nella stanza, palcoscenico di scene di vita famigliare in apparenza perfette e al tempo stesso culla di un efferato delitto. A guardarla, Margherita, sembrava era del gesto di pura determinazione appena compiuto: a conti fatti, l'unico in tanti anni di totale apatia. Una luce innaturale le brillava negli occhi mentre fissava a testa alta Gerard steso a terra. Realizzò che quell'uomo l'aveva uccisa mille volte più di quanto avesse fatto lei con lui. In quel momento, non le sfiorò nemmeno il pensiero delle conseguenze del suo gesto. Si sentì di nuovo libera e capace di qualsiasi cosa: un senso distorto di utopica onnipotenza, davvero troppo breve.

Il suono sordo delle sbarre che si aprirono,

riportarono Margherita al presente. Pensò che, come al solito, non aveva un regalo per Susanna, ma d'altra parte era certa che le avrebbe perdonato quell'ennesimo, trascurabile errore.

Mezcàl

Non aveva mai sopportato la vista del sangue ed in quel momento stava realizzando che il sapore era addirittura peggio. Il miscuglio disgustoso di terra e plasma che sentì passandosi la lingua sulle labbra, gli provocò una nausea tremenda. Il naso premeva contro il freddo pavimento, rendendogli difficile respirare. Provò a sputare nel tentativo di liberarsi da quell'amalgama soffocante, ma capì immediatamente che era stata una pessima idea: la fitta lancinante all'addome che sentì un istante dopo lo fece trasalire. Se non altro il dolore insopportabile che stava provando servì a risvegliarlo dal torpore in cui si trovava, da chissà quanto tempo; o, forse, era più conveniente chiedersi a causa di chi. Federico non aveva fissa dimora ormai da anni; ne erano passati almeno dieci, da quando aveva lasciato la casa in cui era cresciuto e con essa Robert Morelli, suo patrigno, ed i suoi pensieri impolverati. Ad onor del vero, la decisione di partire non fu del tutto semplice da prendere. Si sentiva combattuto tra l'affetto che provava per quell'uomo, che era stato padre e madre al tempo stesso, ed il suo bisogno di iniziare a respirare, perché Federico stava letteralmente soffocando. Avere una madre assassina non era certo un ricordo con cui si poteva convivere facilmente, eppure non c'era giorno in cui Robert non tentasse di convincerlo che, in fondo, Margherita fosse la sola vera vittima di quella folle storia. Robert era buono e buone erano le parole che aveva sempre per tutti, ma che potesse essere così indulgente con lei, era una cosa che Federico proprio non riusciva a digerire. Cresciuto tra allusioni e frasi lasciate a metà, aveva la netta sensazione che l'unico modo per capire davvero qualcosa di quell'assurda trama in cui si trovava a vivere, era allontanarsi. Federico non aveva nemmeno conosciuto il suo vero padre, ma, in quanto a colpi inferti, quello di sua madre aveva messo fine alla partita. Scacco matto. Gerard Preacher sparì dalla faccia della terra; quindi decise suo malgrado di partire. Federico Morelli avrebbe lasciato Vancouver senza meta ma con un'unica certezza: non sarebbe mai più tornato.

– Città del Messico. Sì, sono a Città del Messico...

– Certo, cabròn, dove pensavi di riuscire ad andare, così malridotto?

Dare voce a pensieri ovvi e alle sue stesse risposte sarcastiche lo aiutavano a riprendere pian piano conoscenza. Riuscire a mettersi su un fianco fu un'impresa tra le più difficili che avesse mai compiuto e rendersi conto di avere mani e piedi legati lo gettò nuovamente nel più totale sconforto. Annunciò con un grido distorto la sua frustrazione per essersi cacciato in quella dannata situazione, senza riuscire a ricordarne il perché. Buttò l'occhio verso l'orologio e vide che mancavano pochi minuti alle sei. Pur non sapendo dove si trovasse era certo che qualcuno sarebbe passato di lì a poco e rallentò di colpo il respiro, per riprenderne il ritmo regolare. Chiuse gli occhi sperando di scampare alla luce al neon che sparava dritta in faccia, quando sentì il cellulare vibrare nella tasca sinistra dei jeans. Riuscì a fatica ad estrarre il telefono e a buttarlo a terra, quando lesse il nome del chiamante sul display, si ricordò esattamente dove si trovava soltanto poche ore prima. Susanna lo prendeva continuamente in giro per la sua incapacità di mantenere una relazione per più di qualche settimana con la stessa donna e Federico puntualmente finiva con litigare con la sorella, tanto da doversene andare per non rischiare di prenderla a schiaffi. Al contrario lei pareva divertita nel vedere la miccia che s'accendeva in lui ogni volta, perché era la prova tangibile di quanto Federico le volesse bene. Dal canto suo, lui odiava la dedizione di Susanna nei confronti della madre e non approvava le continue visite in carcere alla donna che aveva rovinato le loro vite. Quell'odio, in realtà, celava una grande ammirazione per la capacità della sorella di buttarsi tutto alle spalle e ricominciare. Cosa che lui, ancora, non riusciva a fare. Lasciare Susanna era stato più difficile di quanto potesse pensare. Aveva come la sensazione che lei non avrebbe più avuto un motivo per sorridere. Era bellissima quando sorrideva, ma nascondeva la sua bellezza dentro maglioni sformati e alle quattro mura di casa sua. Era convinto che lei non avesse avuto ancora un rapporto e che rifuggisse dagli uomini per paura di far la fine di Margherita. Timore di innamorarsi, forse, ma soprattutto timore di aver ereditato da sua madre l'arte di uccidere. Federico, nonostante tutto questo, aveva deciso di partire e nulla lo avrebbe dissuaso dal suo intento. La roulette di stati d'animo che era costretto a subire in quel posto freddo e senza futuro, lo spinsero a lasciare alla sorte la decisione della sua prossima meta. Fece scorrere le pagine del suo vecchio libro di geografia, aprendone una a caso. Città del Messico fu la sentenza del fato. Si diressero di corsa verso il bagno in preda ad un istinto primordiale ed irrefrenabile, la ragazza si appoggiò alla porta per voltarsi indietro, per scoprire se lui la stesse seguendo. Non fece in tempo a lasciarsi andare all'indietro che la porta sbatté contro qualcosa di decisamente ingombrante.

– E questo, – scandì lei lentamente. – Chi cazzo è?

– Da quel che vedo, – ironizzò lui con un sorriso tra il divertito e il sorpreso. – È uno che non deve aver passato una gran bella nottata.

Federico si riprese dal torpore in cui era caduto. Il

tenue bagliore che scorse dalla porta semiaperta fece presagire l'alba ormai giunta, sentire gli altoparlanti annunciare destinazioni ed arrivi imminenti lo animarono di grande spirito di persuasione; sufficiente per convincere i due sconosciuti a liberarlo da quei lacci del tutto inopportuni.

– Tranquilli, ragazzi. Non ho alcuna intenzione di farvi del male... – si affrettò a specificare Federico, mentre si massaggiava le caviglie dolenti finalmente libere.

I due, tutt'altro che preoccupati nel vederlo incapace quasi di reggersi in piedi, si limitarono a salutarlo freddamente e a cercarsi un altro posto dove rianimare lo slancio focoso, temporaneamente interrotto. Ancora traballante, si appoggio al lavandino, aprì il rubinetto e lasciò scorrere l'acqua. Alzò cautamente gli occhi verso l'immagine riflessa e ciò che vide non fu molto confortante. Non gli rimase che sperare di risultare sexy con tutte quelle cicatrici e si sciacquò abbondantemente il viso per ripulirlo da tutto quel sangue.

Il bell'aspetto e l'aria da bastardo gli aprirono con estrema facilità le porte alla bella vita. Atterrò a Città del Messico con vent'anni sulle spalle, uno zaino semi-vuoto ed un'infanzia scheggiata da un tragico evento. Sentiva di non avere nulla da perdere e si fece inebriare dall'eccitante mondo della movida messicana. Entrò ben presto nella ristretta cerchia di persone che contavano e si ritrovò ad essere il tirapiedi di uno tra i più importanti boss del narcotraffico: Abram Ortiz, del Cartello del Golfo. Aiutò un'elegante ed anziana signora durante un incidente di percorso al Golf Club Bosque Real, nel quale prestava servizio come tuttofare, per ritrovarsi una settimana dopo a farle da cane da guardia ovunque la Signora Ortiz avesse avuto voglia di andare. Ciò che di buono il suo patrigno gli aveva insegnato fin da piccolo, la generosità, fu la chiave per entrare nella più pericolosa ed esattamente opposta delle condizioni. "Basta non pensarci" continuava a ripetere a se stesso e qualche bicchierino di tequila lo aiutava nel proposito.

Guadagnò ben presto la fiducia di Abram e talvolta si chiedeva come un criminale così spietato potesse animarsi di tanta dolcezza, quando si trattava di sua madre. Federico, scaltro e servizievole, capì in un attimo che essere gentile con lei lo avrebbe portato parecchio lontano. Trascurò un unico, piccolo particolare: Ortiz aveva i suoi stessi gusti in fatto di donne.

Il cellulare lo avvertì che la batteria si sarebbe scaricata a breve. Rimase per qualche minuto appoggiato con le mani al muro ai due lati dello specchio come a cercare ispirazione tra lividi e ferite. Nina, il nome lo ricordava e si complimentò con se stesso per aver memorizzato il suo numero. Cosa che normalmente non capitava. Difficilmente aveva voglia di rivederle il giorno dopo. Il battito del cuore non accennava a rallentare così decise di uscire e di prendere un po' d'aria. Aprì la porta e, come ormai aveva imparato a fare, si guardò attorno per accertarsi non ci fosse qualcuno mandato a portare a termine il compito di farlo fuori. Via libera. Doveva avere qualche costola rotta e lo confermava l'andatura storta che era costretto a tenere. Cercò di uscire dalla stazione per le uscite laterali, per dare meno nell'occhio. Se avesse incontrato un poliziotto, sarebbe sicuramente stato riempito di domande. Fermo al semaforo pedonale il telefono suono di nuovo: Nina lo stava ancora cercando.

Si sentiva piuttosto su di giri quella sera. Abram aveva organizzato una festa in grande stile, per festeggiare uno dei soliti amici criminali, probabilmente. Non cambiava granché. Per quell'uomo ogni occasione era buona per allestire spettacoli e serate di gala. Nel buio della sua stanza, al rientro da ogni party alcolico, Federico s'interrogava sulla moralità delle sue azioni, ma l'adrenalina che calava ed il vino ancora in circolo, non portavano mai una risposta a quell'unica e ripetitiva domanda. In quella calda serata di Luglio, fece il suo ingresso nel patio con la faccia da schiaffi di sempre ed una mise piuttosto informale: non dare nell'occhio era la sua prerogativa quindi scelse una camicia bianca di lino indossata con jeans e scarpe comode. Si godeva di un'ottima vista da lassù e la panoramica sul cortile gia gremito di persone era perfetta. Si guardò intorno per un minuto appena ed il suo sguardo punto dritto verso il bancone del bar. Non poté fare a meno di notare la schiena più bella che avesse mai visto, un abito verde ne delineava delicatamente il contorno e i lunghi capelli raccolti ne annunciavano l'inizio. S'innamorò della sua schiena, senza sapere che presto avrebbe odiato ed amato anche tutto il resto. Immaginò subito che quella donna fosse stupenda, da tempo aveva imparato a riconoscere la bellezza dai piccoli particolari: Federico indossò la maschera da playboy navigato, come in ogni occasione simile, dirigendosi dritto alla meta.

– Le ragazze come te non dovrebbero essere qui, – improvvisò Federico, presumendo che lei fosse appena maggiorenne. – Non dovresti essere nella tua stanzetta a ripassare per l'interrogazione?

– Sì, in effetti, – fu la risposta della ragazza, tutt'altro che indisposta dall'approccio impertinente. – Come gli uomini della tua età dovrebbero essere a casa con mogliettina e figli al seguito

Federico accusò il colpo e, divertito dalle piccole schermaglie iniziali, accennò un sorriso che distese immediatamente l'atmosfera. Tuttavia l'accento della ragazza rischiava d'indisporre Federico, a tal punto da impedire la comparsa di una genuina espressione di divertimento sul suo volto. Non poté fare a meno di chiederglielo:

– Sei italiana?

– Sì, – rispose lei, finalmente a suo agio nel trovare un punto in comune con quell'uomo così sfrontato, seppur affascinante. – E molto orgogliosa di esserlo... – insistette, senza immaginare di peggiorare ulteriormente la situazione.

Nel vederlo cupo in volto, tentò di correre ai ripari. Con un malizioso sorriso in volto si presentò:

– Io sono Nina. E credo di averti appena rovinato la serata.

Federico non poté fare a meno di apprezzare il tentativo di recuperare la situazione da parte della ragazza e corse ai ripari per non rischiare di mandare a monte i suoi progetti.

– Ho un conto in sospeso con l'Italia; o sarebbe meglio dire, con una persona di quelle parti, ma non ti conosco e non ho nessun'intenzione di mettermi qui a raccontarti i fatti miei.

Dette queste parole trangugiò un bicchiere di tequila, come per sancire quanto appena decretato. A Nina quell'inizio non piacque per niente e si limitò a voltargli le spalle muovendo passi sinuosi, guardando altrove, allontanandosi da lui.

– Non volevo essere scortese, scusami, – recuperò Federico dopo averla raggiunta; afferrandola per un polso la riavvicinò a sé. – Solo... non mi sembra il luogo più adatto per parlare di certe cose.

Sfoderò il più bastardo dei suoi sorrisi, quello che

sapeva sarebbe andato a colpo sicuro. Nina aveva un debole per gli occhi scuri e la barba incolta. I capelli ricci ed indomabili di Federico, eredità di Margherita, la incantarono definitivamente e lui se ne accorse.

Le cinse la vita e, sfiorandole la schiena, le provocò un leggero fremito. Era sua, ormai. Lo sentiva.

Doveva solo trovare il modo di svicolare dal cortile senza dare troppo nell'occhio. Purtroppo per Federico, di occhi puntati su di lui ce n'erano ben due: di gran lunga i più pericolosi.

– Pronto? – il lamento della batteria scarica non accennava a dargli tregua.

– Federico, dove diavolo sei?! – chiese Nina in preda al panico.

– All'uscita della stazione, ma non ho la minima idea di come io ci sia...

La voce frenetica di Nina lo interruppe:

– Non c'e tempo, devi scappare! Cerca un posto sicuro dove nasconderti e quando riuscirò a seminare questo bestione che ho alle calcagna, ti spiegherò tutto.

Federico iniziò a pensare che la ragazzina giovane e indifesa che aveva conosciuto la sera prima celasse qualche lato oscuro.

– Vuoi spiegarmi che cazzo sta succedendo?! – imprecò Federico, irritato dall'assurda situazione e dal dolore fisico che non accennava a diminuire.

– Abram. Si tratta di lui! È lui che ti ha fatto conciare in quel modo ed ha preteso che io vedessi tutto! Ci ha fatti seguire, ti ha fatto picchiare sotto ai miei occhi ed ha voluto che vedessi cosa succede a giocare con il fuoco... mi ha detto così! Mi spiace Federico. Avrei dovuto dirtelo. Ho un debito di gratitudine nei suoi confronti.

I pensieri di Federico iniziarono ad affollarsi di immagini, parole, ricordi. Sentiva la voce di Ortiz echeggiare nella propria testa, ricordava il luccichio dei suoi occhi quando lo elesse suo confidente e gli regalò il suo segreto più grande: quello di essersi innamorato. Non voleva svelargli il nome di colei che era riuscita a metterlo in trappola, perché voleva fargliela conoscere di persona. Uno dei più grandi narcotrafficanti della storia che si comportava da timido ragazzino alla prima cotta. Gli raccontò che era una brava ragazza, che aveva dovuto vendere il suo corpo per pochi spiccioli, ma che lui l'aveva tolta dalla strada, salvandole la vita. Federico sentiva il panico crescere nel ricordare improvvisamente il racconto di quel mattino di giugno, quando seduto in terrazza, nascosto dietro un paio di Ray-Ban, tentava di smaltire la sbornia della sera prima e maledisse per la prima volta quello stupido vizio. Stava pagando ora il prezzo della sua disattenzione e lentamente si diradava la nebbia che copriva i discorsi di quel lontano mattino. Sudava terribilmente in quel momento e sperava di potersi svegliare presto da quell'incubo tremendo.

– Federico, sei ancora lì? Rispondimi ti prego!

La soluzione gli apparve di colpo: surreale e

dolorosa. L'unica possibile. All'insistente voce che chiamava il suo nome imperterrita, rispose di aspettarlo all'uscita est della stazione, raccomandandosi di non spegnere il motore. La jeep arrivò in poco meno di cinque minuti. Salì al volo e senza guardare Nina, se non con la coda dell'occhio, le intimò di correre verso la villa di Abram. Era furibondo e pensò che questa rabbia avrebbe giocato a suo favore, di lì a poco. Arrivarono al cancello che si aprì tempestivamente e Federico immaginò che l'agente in postazione dovesse conoscere bene l'auto della ragazza. Tanto meglio. Presto si sarebbe risolto tutto. Nina frenò bruscamente a pochi metri dall'ingresso principale e Federico non attese nemmeno che la macchina si fermasse per saltare giù e correre verso il lato del guidatore. Aprì la portiera afferrando la ragazza per un polso e la trascinò fino al portone, facendola più volte inciampare. Nina era incredula, ma iniziava a capire quello che sarebbe successo. Ortiz li stava aspettando. Era certo che Federico non fosse un vigliacco, anche se aveva temuto che la passione potesse offuscare la sua mente fredda e il suo temperamento ambizioso. Incrociò il suo sguardo e si rese immediatamente conto che non era così. C'era intesa in quell'occhiata fugace e il ghigno che il ragazzo trattenne a stento fu la conferma dell'ottima scelta che fece, quando decise di prenderlo sotto la sua ala. Pensò che avrebbe potuto perdonargli quello stupido errore di valutazione, era sul punto di dirgli che poteva andarsene e che alle botte prese in acconto poche ore prima non sarebbe seguito alcun saldo, ma decise che non sarebbe stato male lasciare che quel sadico gioco continuasse ancora un po'. Nina, nel mentre, non capiva cosa stesse aspettando e tremava febbrilmente. Federico sentiva nel proprio petto spasmi e pulsazioni in alternanza e pensava di meritarseli tutti. Uno dopo l'altro, fino a fargli scoppiare il cuore, ma era giovane e forte abbastanza da non poter contare su un'infarto fulminante, pertanto avanzò verso Ortiz, il più deciso e risoluto possibile. Nina, al contrario, sentiva le sue forze venire meno di secondo in secondo ed il ronzio che le invadeva la mente le impedì di comprendere esattamente il concitato e rabbioso dialogo che seguì poco dopo tra i due. Si accasciò al suolo sulle ginocchia e, quasi come se avesse eseguito un ordine silenzioso, rivolse il suo sguardo verso il basso e si sorresse con i palmi delle mani premuti a forza sul pavimento di marmo arancione. Il capo chino favoriva la soluzione al problema che Federico stentava a risolvere. Ortiz, in attesa che lui trovasse il coraggio di farlo, si sedette sul divano a gambe incrociate e con le braccia distese sullo schienale, si mise comodo e aspettò di capire se il film che scorreva di fronte a lui lo avrebbe voluto vittima o semplice spettatore. Federico, innanzi ad una scelta che prima non riusciva a vedere e forte di una convinzione che improvvisamente, ne era certo, lo avrebbe portato a puntare l'arma contro la persona da eliminare, infilò la mano nella tasca interna del giubbotto di pelle e indirizzò la pistola verso il bersaglio.

Pochi istanti dopo stramaledisse di non aver pensato alle cartucce.

Allo specchio

[30.12.2012]

– Lasciati toccare solo un attimo ancora.

– È tardi, te l'ho già detto!

– Devo approfittarne, ora che sei qui nel mio letto!

– ...

– Hai intenzione di sparire di nuovo?

– Sai bene che non posso dirti di più.

Scalciò il lenzuolo lasciando intravedere la pelle giovane e gli piantò la mano sul petto, nel tentativo di scrollarselo via di dosso. Nick proprio non aveva intenzione di mollare la presa e Cècile dovette ricorrere ad una delle tecniche apprese in servizio per bloccarlo. Disteso sul materasso con un braccio tenuto a forza dietro la schiena, pensò a quanto adorava la determinazione di quella donna, tanto quanto odiava le sue verità taciute. Iniziava ad essere un'ossessione per lui, pur sapendo che fosse del tutto sbagliato. Dal canto suo, Cècile, sapeva farsi amare nonostante la freddezza di alcuni dei suoi atteggiamenti. Lasciò la presa e corse in bagno per una doccia rigenerante e, mentre l'acqua scorreva, si ritrovò a fischiettare. Una sottile parete divideva i loro pensieri ed un abisso separava le loro vite. Raggiunsero l'unico crocevia delle loro frenetiche esistenze qualche mese addietro: quando lei ricevette l'ordine di ucciderlo.

[1.1.2013]

Susanna sembrava assente. Susanna era assente. Le capitava, talvolta, di essere in preda a periodi di depressione, in apparenza irreversibile. Federico l'aiutava a superarli, ma ora lui se n'era andato ed in cuor suo Susanna sapeva che non avrebbe avuto grandi motivi per sorridere alla vita, adesso. Appoggiata con le mani al tavolo della cucina, in quella casa solitamente vuota, fissava il coltello appoggiato sul ripiano a meno di un metro di distanza e la frutta ben disposta sul piatto da portata che nessuno, nemmeno lei, avrebbe mangiato. Un pensiero doveva aver catturato la sua attenzione e sembrava non volerla lasciar andare, ma lo squillo del cellulare la ridestò rapidamente dall'ipnotico tormento.

– Pronto? – rispose al numero sconosciuto che apparve sul display.

– Sì, pronto. Con chi parlo? – chiese la voce maschile all'altro capo dell'apparecchio.

– Dovrei forse domandarglielo io, – commentò piuttosto infastidita Susanna.

– Tenente Patrick Gilliam, – si espose l'uomo, sperando che la donna facesse altrettanto. – Del primo distretto.

Seguirono alcuni secondi di pausa, nei quali Susanna

elaborò le parole dell'uomo.

– Sono Susanna Morelli. È successo qualcosa a mia madre? – domandò la ragazza in preda ad un'istintiva agitazione.

– È a casa in questo momento? – chiese Gilliam glissando la domanda ed approfittando del fatto che la donna sembrasse essere incline a collaborare.

– Si, certo. Mi trova al 327 della West 11th Avenue. L'aspetto.

Riattaccò il telefono e si appoggiò nuovamente al tavolo, ma in balia di ben altri pensieri.

[30.12.2012]

Si era svegliata decisamente di buonumore. L'accappatoio legato stretto in vita metteva in evidenza le sue forme armoniose e Nick pensò che con i capelli raccolti fosse ancora più bella. Stava meditando di chiudere la porta a doppia mandata per impedirle di uscire. Dal canto suo Cècile non doveva far altro che decidere. Il quando non era un problema, sul come sicuramente avrebbe dovuto lavorarci e in fretta: sapeva che più tempo avrebbe lasciato passare, più arduo sarebbe stato il suo compito. Per quanto si fosse imposta di mantenere il più assoluto distacco, non poteva negare che Nick le piacesse davvero ed iniziava a temere che, lasciando passare altro tempo, avrebbe rischiato di non portare a termine il compito che le era stato affidato. Con tutte le conseguenze del caso. Fece credere a Nick di prestare servizio per un corpo speciale di Polizia ed in questo modo riuscì temporaneamente a deviare i suoi sospetti ed in qualche modo a giustificare le lunghe assenze, ma sapeva che la sua copertura non sarebbe durata a lungo. Intelligente e scaltro, non a caso era il bersaglio di un misterioso e facoltoso uomo d'affari che aveva deciso di toglierlo di mezzo per evitare che continuasse a mettergli i bastoni tra le ruote. Agire in fretta era l'unica possibilità. "Freddezza

Cècile, freddezza" era il mantra che continuava a ripetersi per esorcizzare la tentazione di rinunciare.

[1.1.2013]

Un bicchiere di rhum non bastò a calmarle i nervi. Si sentiva improvvisamente parte di un film a rallentatore, del tutto surreale. Fissava ossessivamente la lancetta dei secondi nel suo lento percorso ed aveva l'impressione che di minuti ne avesse già prodotti in eccessiva quantità. Finalmente fu tratta in salvo dal suono del campanello, anche se alzarsi d'improvviso fu una pessima idea.
Barcollando verso l'ingresso, rischiò di cadere. Reggendosi in piedi a stento riuscì ad arrivare alla porta e, controllando dalla finestra che dava sul portico, capì immediatamente che la figura autoritaria che gli si presentò di fronte era il Tenente Gilliam. La postura e lo sguardo accigliato di chi si trova tra le mani un puzzle di migliaia di pezzi senza l'immagine composta a cui riferirsi, lo resero

riconoscibile anche da dietro la tenda di macramé appena scostata.

– Mi dica che cosa sta succedendo, buon dio! – implorò Susanna.

– Credo sia meglio che lei si sieda, – suggerì cauto Gilliam. – Signora Morelli...

– Signorina! – si affrettò a correggere lei, facendosi da parte per farlo entrare.

Incuriosito dall'ammonizione ricevuta, non poté evitare di pensare che fosse del tutto fuori luogo in una tale circostanza, ma decise di soprassedere per non tenere la "signorina Morelli" troppo sulle spine.

– Si tratta di suo padre, purtroppo, – riferì sommessamente il tenente, abbassando di un poco lo sguardo.

Sul volto di Susanna si dipinse un'espressione indecifrabile che nemmeno Gilliam, con i suoi vent'anni di servizio alla omicidi sulle spalle, riuscì a tradurre. Continuò a produrre dettagli sull'accaduto a voce bassa e cadenza costante, ponendo particolare attenzione alle reazioni di Susanna e chiedendosi se avrebbe retto il peso della notizia.

– È stato trovato senza vita nei pressi di Robson Street, nel West End, – sperando di riuscire ad arrivare alla conclusione di uno di quei discorsi ai quali mai si sarebbe abituato, proseguì. – Era accanto alla sua macchina, probabilmente solo. Ad una prima ipotesi la morte è stata causata da una ferita da arma da taglio. L'autopsia riuscirà a fornirci informazioni più precise, ma si presume che la morte sia avvenuta tra le dieci e la mezzanotte di ieri.

Decise di aver già parlato abbastanza e che la ragazza avesse sentito molto più di quello che avrebbe potuto sopportare. Sapeva riconoscere le persone ad una prima occhiata e Susanna gli sembrò subito terrorizzata dalla vita, figurarsi dalla morte di una persona cara. Infatti, sul volto di Susanna, iniziavano a delinearsi i tratti del dramma appena scoperto. Lo sguardo impazzito, perso nel vuoto, lasciava trasparire la ricerca frenetica di un errore prima e di una spiegazione subito dopo. Non poteva credere che suo padre fosse stato ucciso, come non poteva credere che, ancora una volta, la sua giovane vita fosse stata oscurata dalla soffocante ombra dell'omicidio. Si sentì improvvisamente ed irrimediabilmente sola.

[31.12.2012]

Ultima sera dell'anno. Cècile decise che fosse il giorno ideale per mettere fine a quella storia. S'infilò un vestitino nero qualunque, pensando che passare inosservata sarebbe stata la cosa migliore, anche se, nel suo caso, sarebbe stato improbabile. Si perse nella sua immagine allo specchio, cercando di ritrovare dettagli di sé che a volte sembrava non riconoscere. Scorse nei suoi occhi un velo di tristezza e ne rimase alquanto stupita. Non poteva permetterselo: sarebbe stato pericoloso. Aveva lasciato fin troppo spazio alle emozioni in questa   situazione quindi era arrivato il momento di fare sul serio. Sul volto di Nick, che animava troppo spesso i suoi pensieri, tracciò mentalmente una × immaginaria. L'appuntamento era al Pan Pacific Hotel, nonostante lui avesse insistito per andarla a prendere. Cècile pianificava, calcolava e sapeva cosa poteva essere azzardato. Arrivare all'albergo con lui, per esempio, avrebbe lasciato dietro di sé troppe tracce. Infilò un paio di semplici ed eleganti decolté nere, indossò la collana che sua madre le aveva lasciato prima di andarsene di casa, afferrò la borsa e si mise il cappotto. Uscendo, ripercorse mentalmente tutti i passaggi dell'accurata preparazione che precedeva ogni sua operazione. Era indiscutibilmente giunto il momento.

[1.1.2013]

Un attimo prima si sentiva inebriata dal bicchiere di rhum bevuto fuori orario, l'attimo dopo tutto le sembrava terribilmente confuso. La nausea fu il primo del susseguirsi di sintomi manifestati dal confuso stato d'animo in cui si trovava. Si sentiva fuori dalla sua stessa vita, le parve che nulla del racconto di quell'uomo, potesse riguardarla. Le venne quasi da ridere, convinta in cuor suo che nulla di ciò che udiva fosse vero. Osò alzarsi e muovere solo pochi passi. Cadde a terra priva di forze. Gilliam assistette alla scena senza intervenire fino a quel momento. La sorresse nell'attimo in cui la vide crollare ed ebbe l'impressione che assieme a lei stessero franando tutte le sue certezze. Non conosceva Susanna, ma ebbe immediatamente la sensazione che suo padre fosse al centro della sua vita e che attorno ad essa gravitasse poco altro. Aveva fiuto per i rapporti morbosi ed era sicuro di essersi imbattuto in uno di questi. Le fotografie sul mobile alle spalle della donna parlavano chiaro. Nessun altro oltre Robert e Susanna, nient'altro oltre una simbiosi che saltava nettamente agli occhi.

– Le porto un sorso d'acqua, – s'affrettò ad annunciarle Gilliam, curandosi di appoggiare la schiena della ragazza a qualcosa di stabile.

Si alzò senza staccare lo sguardo da lei e riempì il bicchiere sul tavolo con abbondante acqua fresca. Nell'avvicinare il bicchiere alle labbra di Susanna sentì un forte odore di alcool e rapidamente lanciò un'occhiata panoramica all'intera cucina. Vide la bottiglia di rhum aperta sul mobile e scosse la testa pensando che i problemi della ragazza andassero molto oltre la superficie. Di nuovo, il suono del telefono ruppe il silenzio. Gilliam rispose, senza di fatto ascoltare, ancora preso dal momento d'impasse in cui si trovava, ma bastò un istante perché le parole all'altro capo del filo attirassero la sua attenzione. Riattaccò con un nuovo, delicato compito: portare Susanna in commissariato.

[31.12.2012]

Cècile era pronta. Lo chiamò al cellulare. Sarebbe stata l'ultima telefonata fatta con quel numero e probabilmente l'ultima telefonata che lui avrebbe ricevuto.

– Ti aspetto alla toilette del quindicesimo piano, – ordinò Cècile senza indugio e, prima di attaccare precisò. – La toilette degli uomini.

Nick non ebbe nemmeno il tempo di risponderle. Era solita lasciarsi andare a questo tipo d'impulsi, la sua donna, quindi Nick sapeva che fosse inutile fare domande. Lo eccitava prendere ordini da lei, quando si trattava di richieste enigmatiche, quanto esplicite. Non sapeva bene perché, ma era certo che quell'incontro sarebbe stato oltremodo unico.

[1.1.2013]

– Signorina Morelli, come si sente? – s'informò Gilliam, mostrando apprensione per Susanna.

– Mi aiuti ad alzarmi, per favore... – dichiarò lei con un filo di voce e lo sguardo ancora perso nel vuoto.

Gilliam si portò il braccio della ragazza dietro al collo e la sollevò da terra senza alcuna fatica. Lui era un omone, lei esile e friabile. Le lasciò il tempo di riprendere il normale respiro, ma non poteva attendere oltre per comunicarle che era necessario che andasse con lui per il riconoscimento del cadavere.

– Capisco, – si limitò a commentare lei. – Mi dia soltanto un momento per sciacquarmi il viso.

Con passi pesanti, che stridevano con la leggerezza delle sue forme, raggiunse la camera da letto. Gilliam approfittò del momento di solitudine per allentarsi il nodo della cravatta e bere il bicchiere d'acqua rimasto mezzo pieno sul pavimento. Avrebbe preferito attaccarsi alla bottiglia di rhum e la mano che si passò nervosamente sulla fronte non lasciava presagire nulla di buono.

[1.1.2013]

Da una parte all'altra del vetro. Continuava a fissarla incredulo.

– Non è lei. – disse masticando tutta la sua rabbia. Gilliam gli chiese di ripetere. Era sicuro che l'uomo stesse prendendo un abbaglio. In realtà Nick sperava non fosse lei, ma sapeva benissimo che si trattava di Cècile. Aveva tentato di ucciderlo e sapeva che, se non fosse stato avvisato da quell'uomo, ora sarebbe morto. Nonostante tutto sperava che la donna dai lunghi capelli castani e spogliata delle vesti di killer si trovasse ovunque, tranne che lì. Le sembrò di colpo più vecchia, mentre la udiva pronunciare parole confuse, cercare in chissà quale scomparto della sua mente malata una storia qualsiasi che potesse alleggerire la sua posizione indubbiamente compromessa e provò un fortissimo senso di tenerezza. Per la prima volta vedeva le sue debolezze avvolte da un maglione di cashmere grigio di almeno due taglie più grande.

Istintivamente appoggiò la mano sul vetro come per accarezzarla perchè solo ora la vedeva nei panni di una donna vulnerabile e non poté fare a meno di pensare che fosse ancora più bella. I fotogrammi scorsero nitidi e crudeli davanti ai suoi occhi. Le aveva permesso di varcare la soglia della sua vita e calpestarla a sufficienza e le immagini accecanti che si susseguivano stavano tracciando l'inesorabile ed infinita distanza delle loro vite.

– La toilette del quindicesimo piano era deserta, ma il profumo di Cècile era inconfondibile. Sapevo che era lì dentro, ero certo che mi stesse aspettando, ma non sapevo in che modo avrebbe tentato di farmi fuori.

Muoveva passi lunghi e rabbiosi nonostante la stanza fosse poco più di un ripostiglio. I pugni chiusi lo aiutavano a trattenere l'impulso di fare a pezzi quel vetro che li divideva. Avrebbe voluto passare oltre la parete e chiederle perché, pur sapendo che la risposta non gli avrebbe dato alcun sollievo.

– Vada avanti. – Lo incalzò Gilliam, seduto su uno sgabello a braccia conserte e con lo sguardo diffidente di chi non ha per niente le idee chiare.

– Feci un fischio, il segnale che usavamo spesso tra noi e nel silenzio che si tracciò poco dopo riuscii a sentire il suo respiro affannoso provenire da dietro la porta del bagno.

Nick si dovette fermare. Colto da un'improvvisa fitta al petto, sentiva di aver bisogno di un bicchiere d'acqua. Ne bastò un sorso per riprendersi e continuare a vomitare tutto il dolore che aveva dentro. Immaginò che il punto che avrebbe scelto Cècile per colpirlo fosse proprio il cuore e riviveva continuamente la scena del quale avrebbe potuto essere la vittima, se solo lei non avesse indugiato. Ricordò i tre passi indietro che decise di fare per confonderla e che gli salvarono la vita. Sapeva che Cècile era coinvolta, era certo che il suo tentennare l'avrebbe fatta uscire allo scoperto e bastò un calcio sferrato al suo braccio al momento giusto per disarmarla. Non dimenticò nemmeno il tonfo sordo della pistola che cadde a terra così come rivisse la furia che lo travolse negli attimi seguenti.

[31.12.2013]

Poco prima di uscire da casa, l'ultima sera dell'anno.

– Niente male.

Osservò la propria immagine riflessa nello specchio: sapeva di essere un bell'uomo, era consapevole del suo successo, era certo di aver iniziato a dar fastidio a qualcuno nel mondo della finanza e questo sembrava inebriarlo. Quella sera avrebbe voluto godere appieno delle espressioni invidiose attorno a lui che avrebbe suscitato nel presentarsi con Cècile. Era la loro prima apparizione in pubblico, avrebbero fatto l'amore nel bagno dell'hotel ancor prima di presentarsi agli altri e si sorprese nel percepire una certa emozione nel compiere gli ultimi preparativi prima di uscire. Sentì a malapena squillare il telefono, tanta era l'adrenalina che aveva addosso, ma le parole che udì qualche istante dopo lo condussero nel vicolo più cieco e buio in cui si fosse mai trovato. Erano parole estranee e tentare di dare loro un senso gli sembrò impossibile. Pregò l'uomo di parlare lentamente e di calmarsi.

– Mia figlia l'ha chiamata qualche giorno fa. Ho sentito che diceva che avrebbe trascorso la sera di capodanno con lei. Il suo numero era su quel telefono che non avevo mai visto prima, sul comodino di camera sua. Deve aver dimenticato di nasconderlo. Le ho detto che mi chiamo Morelli? Mi scusi, non mi sono nemmeno presentato. Da un po' di tempo ho scoperto cose insolite, o forse dovrei dire assurde! Vestiti che mai indosserebbe la mia Susanna, una pistola, ecco sì... una valigia piena di armi, a dire il vero. Non le piace che io vada a curiosare nelle sue cose, a dire il vero non l'avevo mai fatto prima, ma quel telefono e quella conversazione con lei... credo che mia figlia abbia qualche problema. L'ho seguita e, mi creda, non è stato facile capire quello che stava succedendo. Morelli, le ho già detto che mi chiamo Robert Morelli? Sono il padre di Susanna, o forse dovrei chiamarla... Cècile!

La conversazione continuò ancora a lungo, ma Nick non era certo di riuscire a mettere ordine in quel discorso privo di alcun senso.

[1.1.2013]

Al commissariato.

– Io riuscii a disarmarla, ma lei mi mise a terra in un attimo. La rabbia mi aiutò a rialzarmi e decisi di seguirla. La sua corsa fulminea mi fece temere per un attimo di averla persa di vista. Mi infilai nel primo ascensore e arrivai al piano terra in meno di un minuto. La porta scorrevole stava ancora girando quando vidi la sua figura imboccare il vicolo di fronte all'Hotel. Per strada non c'era nessuno, ma Cècile riuscì ad imbattersi nell'unica persona che avrebbe dovuto evitare. Suo padre tentò di fermarla, ma lei pareva non riconoscerlo nemmeno. Vidi la scena da pochi metri di distanza e le assicuro che stento ancora a crederci: la freddezza con cui si sollevò il vestito per prendere il coltello, i colpi ripetutamente inferti all'uomo che le aveva dato la vita, mi fecero crollare con le ginocchia a terra. Era più simile alla scena di un film, che un evento reale; mi rifiutavo di pensare che potesse accadere nella vita vera! Cècile lo osservava morire, come se si trovasse davanti all'ultimo degli sconosciuti. Si guardò intorno ed incrociando il mio sguardo lanciò una muta richiesta di perdono. Si dileguò talmente in fretta che non ebbi nemmeno il tempo di capire dove potesse essere andata.

Gilliam decise che fosse sufficiente: quell'uomo era fin troppo provato dai recenti eventi e lo informò che poteva bastare, almeno per il momento. Lo accompagnò lungo il corridoio che portava alle scale, ma sollevando lo sguardo, Nick si trovò di fronte gli stessi occhi smarriti della sera prima. In verità sembrava appartenessero ad un'altra persona. Aveva la voce strozzata e non riuscì a trattenere un sussurro:

– Cècile...

– Susanna. Il mio nome è Susanna... ci conosciamo?

Io ti salverò!

– Riesce a sentirlo anche lei il tempo che scorre? È come se appoggiata qui, proprio qui, ci fosse una clessidra, – bisbigliò puntando il suo dito indice vicino all'orecchio. – Il rumore della sabbia che scivola attraverso la minuscola fessura è sempre più assordante.

Margherita, mentre parlava, fissava il nulla ed il nulla le restituiva soltanto il fruscio amplificato dei secondi che diventavano minuti ed i minuti che si trasformavano, via via, in occasione perse, dolorose rinunce, sogni infranti, ma sopra ogni cosa, in colpe che mai avrebbe potuto espiare. Nemmeno avesse vissuto altre cento vite. Il sollievo di averne una sola lampeggiava ogni tanto come un faro che l'avrebbe presto condotta in salvo, lungo il miglio finale che portava al trapasso; ma sentiva che il suo posto fosse quello, rinchiusa tra quelle quattro mura che continuavano a rimandarle l'immagine dei suoi fallimenti. Si mise entrambe le mani sugli orecchi, tentando di chetare l'insistenza di quel lento scandire, ma sapeva bene che non sarebbe servito a nulla. Le gambe ossute stese sulla chaise-longue di fredda pelle scura, gli occhi inquieti puntati al bianco soffitto in cerca di risposte lontane e i capelli reduci da una noncuranza di anni, la rendevano più simile ad un quadro dimenticato in una polverosa soffitta, piuttosto che ad una donna che, in passato, avesse tessuto ambiziosi progetti. E come se non bastasse, doveva sorbirsi le sedute del Dr. Finch, tanto inutili quanto frequenti. L'uomo aveva brama di ripulire l'accozzaglia di anime perse che popolava la comunità di Dorchester e sembrava avesse anche la presunzione di riuscirci. Assurdo. Trovava eccitante scavare con le unghie fino a raggiungere il male pulsante delle sue cavie e in quei momenti un bagliore sinistro s'accendeva nei bulbi irrequieti custoditi dietro alle lenti spesse dei suoi occhialini in tartaruga. Margherita non sopportava quell'uomo, né tanto meno la figura del dottore che tentava miseramente d'interpretare, ma che in realtà celava perversioni tanto gravi quanto quelle dei suoi pazienti. Scappare, correre, ammutolirsi, piangere, gridare e a volte anche ucciderlo erano le sensazioni che la vista di Finch provocavano in lei. Quindi sceglieva di parlare di niente, ogni volta nella speranza che i sessanta minuti di agonia scivolassero via veloci. Gli argomenti sterili erano sempre gli stessi e sempre le stesse erano le dinamiche delle conversazioni quotidiane che da trent'anni rimbalzavano nello spazio ridotto della cella rivestita di linoleum. Quel giorno, però, le sembrò diverso, le apparve differente fin dal momento in cui varcò la soglia del freddo ufficio in cui il dottore la riceveva: il pendolo al muro non scandiva più il tempo e Margherita se ne accorse immediatamente. Vivere nel silenzio aveva contribuito a sviluppare in lei una straordinaria percezione per i suoni e non udire più i piccoli passi delle puntuali lancette riuscì a destabilizzarla.

– Oggi il tempo si è fermato, – dichiarò, raggiungendo titubante il divano e proseguì alla ricerca di un nuovo criptico concetto. – Oggi è tempo di fermarsi...

Finch le fece cenno di accomodarsi sfregandosi sfacciatamente le mani e pregustando una seduta interessante, ma a conti fatti non poté fare a meno di stupirsi della grande capacità di Margherita di percepire ciò che d'insolito la circondava. Pensò che dovesse essere stata una gran bella donna, da giovane e si chiese, forse per la prima volta in tutti quegli anni, quale strano scherzo della mente l'avesse portata a dimenticare di potersi prendere il meglio dalla vita, anzichè rinunciare a viverla a causa di un uomo ambiguo e sdegnoso. La osservò con occhi diversi in quel momento e, mentre procedeva a passo lento verso di lui, Finch considerò che se solo avesse curato un po' di più il suo aspetto, Margherita avrebbe potuto essere ancora affascinante. Abbandonò all'istante i suoi pensieri lascivi sulla propria paziente e si lasciò andare sulla sedia consunta, con un lungo sospiro soddisfatto. Mancava solo che si tirasse su le maniche della camicia e lo si sarebbe facilmente immaginato intento a godersi un abbondante pasto godereccio. Si nutriva di storie, l'omino subdolo, si saziava di racconti di anime disconnesse, pasteggiava a lunghi monologhi d'onnipotenza e digeriva le penitenze che assegnava ai più deboli. Aveva il dono di saper convincere, ma capitava che si trovasse di fronte ad ossa ben più dure da sgranocchiare. Margherita era proprio una di quelle. Le ore, per lo più mute, trascorse a sfidare il suo sguardo distaccato, facevano crescere in lui un insensato spirito di competizione che lei, beffarda, alimentava aprendo bocca con veemenza, pronta a svelare finalmente i suoi più cupi segreti, per poi schernirlo appena un attimo dopo, con affermazioni sature di niente. Ma quel giorno, appunto, tutto sembrò diverso a Margherita: mentre sulla scena scorreva la rappresentazione della lenta rovina in cui lei, protagonista, tentava invano di fermare il suono del tempo che, inesorabile, scorreva, il gracchiare del telefono tracciò una crepa alla parete di silenzio che divideva quei due individui e Finch ebbe un sussulto nell'udire l'apparecchio prendere vita. Si tolse gli occhiali, approfittando della pausa per passarsi una mano sui piccoli occhi difettosi e, non appena riprese la posizione convenzionale dell'istruito, anche se alquanto strambo "medico dei pazzi", cercò a tentoni le fidate lenti e corrucciò la fronte udendo le parole che gli venivano chiaramente comunicate.

– Dobbiamo sospendere la seduta signora Morelli. C'è una visita per lei.

Margherita non aveva nemmeno udito le parole del dottore, tanta era l'attenzione che prestava all'uomo.

– Ha capito cosa le ho detto, Signora Morelli? C'è una visita per lei... – ripetè l'ometto, alzando decisamente la voce. Margherita stavolta sentì perfettamente e alzò un sopracciglio, sottolineando quanto assurda fosse per lei quell'affermazione.

– Non ho parenti. Non più. Né tanto meno amici.

Sentenziò la donna, senza lasciare all'uomo diritto di replica. Finch riagganciò e s'alzò in piedi, per conferire autorevolezza alle parole appena pronunciate. La sua statura stentava ad arrivare al metro e cinquanta e il suo ciuffo, curato ma che ugualmente lasciava trasparire tre quarti almeno del suo cranio lucido, non sortirono l'effetto voluto e Margherita continuò a fissarlo con aria di sfida, mentre lui girava attorno alla sua scrivania e si

diresse verso di lei, senza per nulla scomporsi.
Margherita si spazientì, non aveva più voglia di
perdere tempo con lui e s'alzò nel momento stesso
in cui se lo trovò davanti, confermando l'idea che lui
si era fatto in merito alla corporatura della donna.
Finch dovette alzare lo sguardo alla ricerca dei suoi
occhi e si sollevò leggermente sulle punte per
guadagnare qualche altro centimetro di credibilità.
Le fece cenno con la mano invitandola ad
accomodarsi all'uscita, tentando di non indugiare
oltre in quella posizione piuttosto scomoda. Gli
occhi inespressivi di Margherita lo convinsero di
trovarsi di fronte ad una donna senza più nulla da
perdere e ancor più nulla in cui sperare. Finch provò
un istante di grande compassione, che si levò di
dosso con una scrollata di spalle e una sistematina
alla giacca di Tweed.

Di spalle alla porta di legno laccato bianco, sola
nella stanza che Finch le aveva concesso di
utilizzare, Margherita attendeva con scarso
entusiasmo la visita appena annunciatale. Non
scherzava affermando che ormai non le fosse

rimasto più nessuno al mondo e fu altrettanto onesta con se stessa nell'ammettere che, passare anche solo pochi minuti in sua compagnia, non dovesse essere così elettrizzante. Si sentiva l'avanzo del cibo che resta nel piatto alla fine del pasto: pronta per essere gettata nella spazzatura. Nemmeno più Susanna e Robert andavano a trovarla. Evidentemente, quella situazione, era diventata insopportabile anche per loro, o la consideravano un' inutile perdita di tempo. Margherita sciolse per un attimo le braccia serrate al petto, per sistemarsi l'informe maglia di jersey ormai sbiadita che indossava da qualche giorno. Un rituale superfluo, un tentativo dal sapore antico di conferire a se stessa una facciata al limite del presentabile. Avvertì una lieve sudorazione alle mani che, assieme al crescere del battito cardiaco, le provocarono un accenno di sorriso. Sentirsi viva era in fondo una sensazione nuova, dopo anni di morte nel cuore, ma si spense istantaneamente non appena la porta si aprì, cigolando. Il timore e la curiosità conferirono agli istanti successivi un effetto dilatante, ma fu il dubbio ad avere la meglio su tutte le sensazioni che provò nello scorgere la figura appena entrata. Non capiva chi fosse l'uomo di fronte a lei, ma negli occhi aveva qualcosa d'ipnotico e 'incredibilmente familiare. Margherita dovette sedersi, perché sentì la propria testa girare vorticosamente. Continuava a fissarlo, non poteva farne a meno e cercava avidamente il nome scritto su quel volto magro e scuro, coperto da una barba di almeno una settimana, sofferente, ma incredibilmente bello. Margherita sentì improvvisamente il tempo scorrere a velocità impazzita e si rese conto di avere solo pochi attimi per riconoscerlo. Pochi attimi prima che lui le rovesciasse addosso la rabbia che portava scritta negli occhi. La risposta arrivò dolorosa come una lama in petto e calda come un fuoco in autunno e margherita la mormorò, con un flebile filo di voce:

– Federico...

Sedersi fu di gran lunga la scelta migliore: era davvero troppo, per la sua anima, il peso di quella presenza. Margherita s'accontentò dell'angolo della sedia, nell'ufficio ritinteggiato di fresco del dottor

Finch, ancora profumato di vernice; rimase immersa nel verde scuro del mare di emozioni che, negli occhi di lui, presagivano una tempesta incombente. Federico non accennava a volersi accomodare, la mandibola gli si strinse in un morso collerico e i pugni fecero lo stesso. Vestiva abiti sgualciti e il giubbotto di jeans che portava addosso, nonostante fuori facesse già piuttosto freddo, ricordò a Margherita il ragazzino intimorito che si nascondeva dietro il vetro della sala visite del carcere. Avrebbe voluto stringerlo a sé e rassicurarlo, come tentava di fare allora, ma l'uomo che si trovava davanti non era più il bambino tradito da una madre malata, bensì un uomo che la reputava perfettamente sana e colpevole del susseguirsi di drammi che si era lasciata alle spalle. Colpevole, era la parola che Federico associava costantemente al pensiero di sua madre e Margherita lo sapeva bene. Susanna tentava di cambiare discorso quando la madre chiedeva sue notizie e che fosse un argomento tabù ne era perfettamente consapevole. Federico ruppe il silenzio:

- Non ce la faccio più.

La sua voce risuonò nella stanza come uno schianto e sarebbe toccato a Margherita raccogliere i cocci. Teneva la testa china per paura d'incrociare di nuovo quegli occhi rabbiosi, ma il magnetismo dello sguardo del figlio e il carisma della sua voce le impediva di prestare fede alle proprie intenzioni.

- Sarai quantomeno stupita di questa visita! - gridò Federico, abbassandosi a pochi centimetri dal viso di sua madre. - Guardami negli occhi. Guardami, ti ho detto!

Disubbidendo all'ordine appena impartitole, Margherita prese a fissare la vena che rischiava di esplodere sul collo del figlio. Il rossore, il sudore che imperlava i pochi centimetri di pelle che riusciva a vedere dalla minima distanza che la separava da lui, la stavano progressivamente spaventando. Il tono della sua voce poi destò il sospetto della guardia fuori dalla porta che in un attimo entrò e si diresse verso Federico. Margherita s'alzò e, con una mano prontamente stretta sul braccio dell'uomo, s'affrettò a chiarire che stesse bene. Pur non del tutto convinto e senza staccare lo sguardo dal figlio, il secondino decise di lasciar correre e richiuse la porta dietro di sé con violenza, tanto per sottolineare l'autorità dell'ammonizione. Federico girò le spalle alla madre, nel tentativo di calmarsi e l'affanno, evidenziato dal movimento della sua schiena, andò progressivamente rallentando. L'uomo abbassò la testa, mostrando i riccioli neri sulla nuca umidi di collera e si girò lentamente, pieno di buoni propositi, primo tra tutti quello di restare tranquillo. Pensò che sedersi fosse utile per calmare i nervi e Margherita fece lo stesso, senza mai distogliere lo sguardo da lui. Uno sguardo improvvisamente consapevole di tutto l'amore provato ma dimenticato negli anni. Anni intrisi di giornate fiacche e identiche che riempivano di polvere i sentimenti incrostando i ricordi fino al punto di farli sembrare sconosciuti: Federico, che pensava non avrebbe mai rivisto; Federico, il frutto di un amore malato; Federico, così bello e così sofferente. Federico. Suo figlio.

La lacrima che vide scorrere sullo sguardo lontano di sua madre, riportò a galla un'emozione primitiva. Aveva deciso d'infrangere la promessa fatta a se stesso molti anni prima e di andare da lei un'ultima volta, per sbatterle in faccia il susseguirsi di tragedie causate dal suo atto folle, ma non aveva messo in conto quella reazione. S'aspettava di trovarsi di fronte un'anima persa, un corpo vuoto, una donna arresa ad una vita da non vivere: una situazione facile da affrontare. Sognava quel giorno da tanto tempo, da quando apprese della morte del suo patrigno e del destino infausto della sorella, ma non avrebbe mai immaginato di scorgere in una solitaria lacrima, sul viso conosciuto di sua madre, lo specchio dei suoi stessi sentimenti, l'amore incondizionato e reciproco che portavano tatuato nell'anima e che risaliva vorticosamente in superficie proprio in quel momento. Chiuse gli occhi, per sfuggire alle mute suppliche degli occhi verdi tanto familiari che non smettevano di fissarlo e per ritrovare la rabbia che lo aveva portato lì. Federico iniziò a parlare. Sapeva che le sue parole telegrafiche e studiate sarebbero andate a segno.

Preparato per non fallire, meticoloso e puntuale per colpire a ripetizione. Descrisse nei dettagli le atrocità che, solo pochi giorni prima, avevano scritto l'epilogo della loro dannata esistenza.

Aveva pianificato tutto, Federico. Non appena Morelli fu sottoterra e Susanna rinchiusa in manicomio, chiamò il carcere e chiese del direttore. Fu categorico al punto che non ci fu bisogno di replicare: voleva essere lui ad informare sua madre dell'accaduto. Sognava una vendetta del genere da così tanto tempo che lasciò trasparire un leggero tremolio d'eccitazione nella voce, quando annunciò che sarebbe venuto l'indomani. Trascorse la notte alla ricerca delle parole che l'avrebbero ferita di più e ripassò il suo monologo, pronto ad andare in scena. L'ideale sarebbe stato non darle neanche il tempo di replicare.

Ora Federico era lì, finalmente, di fronte a Margherita e le sferrava colpi sleali, le gettava addosso parole che erano macigni, una dietro l'altra, in attesa di vederla crollare. Margherita iniziò a sentire tutto piuttosto confuso e si sentì sul punto di svenire. Robert, morto? Susanna, l'omicida di suo padre? Si augurava fosse un terribile scherzo, un parto della fantasia vendicativa del figlio, ma l'impeto con cui vomitava quelle parole, nella stanza arida in cui lui la stava ferendo a morte, le fecero capire che si trattava della verità. Una lenta rovina di cui lei era madre e fautrice. S'alzò di scatto e tentò di nascondersi negli angoli più lontani, ma lui la raggiungeva ogni volta, le stava ad un passo e alzava la voce, perché lei non perdesse le sfumature del dipinto che le stava dedicando. Erano le pennellate rosso sangue ad evidenziarne il tema e Margherita era definitivamente alle corde, impotente, priva di forze, inerme, sola, braccata. Non c'erano vie di fuga, era senza appigli, compreso il coraggio di farla finita una volta per tutte; le mancava anche quello, il coraggio di scegliere. La testa buttata all'indietro contro il muro, la certezza di stare definitivamente all'angolo, diedero vita ad un ultimo, disperato grido:

- Basta, basta, ti prego fermati! - lo implorò d'un

tratto Margherita, portandosi le mani alle orecchie per non udire più nemmeno una parola. Ma Federico continuò, in preda ad una furia cieca.

Margherita s'accasciò a terra e, stavolta, le mani corsero al petto, nel tentativo di domare il battito impazzito del suo cuore; nonostante lo sguardo rivolto verso l'alto palesasse una chiara richiesta d'aiuto, sapeva che questo non sarebbe mai arrivato. Di fronte all'immagine sgretolata di sua madre, Federico finalmente tacque e le voltò le spalle, perchè non voleva che lo vedesse piangere. La rabbia era disperazione adesso e forse un giorno sarebbe diventata rassegnazione, ma ancora una domanda lo assillava. La domanda che non era mai stato in grado di farle; era giunto il momento di porla, lì, in quel momento, in assenza di barriere e senza vetri dietro i quali lei potesse nascondersi:

– Perché? Perché, mamma?

Fu quella parola a farle capire che era finito il tempo delle menzogne: "mamma". Erano anni che quel suono non usciva dalla bocca di suo figlio e non si trattava più nemmeno della stessa voce. Non poté fare a meno di notare quanto fosse diventato forte e carismatico il suo Federico e quanto somigliasse a lei, in alcuni tratti. Avrebbero potuto essere una madre e un figlio, avrebbero potuto avere una vita normale, ma lei aveva scelto per tutti un'alternativa, quella più dolorosa. Nessuno però sapeva che quella notte, in ospedale, quando ancora il corpo di Gerard giaceva al suolo senza vita, nei pochi minuti che precedettero l'arrivo della polizia, Margherita avrebbe potuto ancora essere una donna libera. Ora, soltanto ora, di fronte al tormento gridato dall'unico uomo che avesse mai amato dell'amore più puro, scelse di dirla quella verità e di spiegargli quali furono i motivi che la spinsero a farsi condannare. Non sarebbe cambiato nulla, avrebbe continuato ad odiarla, ma Federico meritava la verità. Lo guardò dritto negli occhi, mentre gli confessava d'aver temuto per la sua stessa vita, pochi attimi prima della morte di Gerard. Rimase seduta a terra mentre raccontava a Federico quale orribile sensazione si prova nel sentirsi due mani che ti stringono il collo, fino a farti mancare il respiro. Si massaggiò nervosamente il palmo di una mano, mentre ricordava che l'unico modo per liberarsi dalla stretta mortale in cui si trovava fu quello di sferrare un calcio e sperare che andasse a segno. Non credeva che sarebbe morto: fu un incidente e per di più non ne fu lei la causa. Eppure si trovava lì a scontare una pena ingiusta, che nessun giudice le avrebbe mai inferto, se solo lei non se ne fosse presa la colpa.

Quando Margherita concluse il suo discorso, fu Federico ad abbandonarsi al suolo con la schiena appoggiata al muro, in preda ad una spossatezza improvvisa. Fu lui a non aver parole a commento della rivelazione di sua madre. Che madre poteva scegliere di macchiarsi di un delitto che non aveva in realtà commesso? Che madre poteva lasciare che due figli crescessero senza di lei, in nome di una bugia? E di nuovo quelle parole in un ultimo alito di vita:

– Perché? Perché, mamma?

Erano altre le spiegazioni che attendeva, Federico; adesso era indiscutibilmente cambiata la sua posizione in quell'orribile quadro.

Fluiva il suono della sua voce e il dottor Finch avrebbe pagato oro per sentire finalmente ciò che celava la mente affascinante della donna che aveva tentato di psicanalizzare centinaia di volte. La risposta di Margherita fu semplice e disarmante: amare Gerard era stata la sua colpa più grande e avrebbe dovuta pagarla. La morte di quell'uomo orrendo non fu la giusta espiazione, rinunciare alla sua vita in nome dell'errore di averlo scelto come amante si avvicinava di più alla pena che pensava di meritare.

Margherita continuò a ripetere quest'ammissione di colpa all'infinito, fissando la luce al neon che tremolava sulle loro teste e Federico immaginò che doveva averle ripetute a se stessa ogni sera, mille volte da quand'era lì dentro. Ora ne era convinta e lo si vedeva dalla pacatezza del suo atteggiamento, dalla tranquillità con cui parlava e dalla mancanza di ogni diritto di replica nell'udire quel discorso. Ora camminava per la stanza vestita della sua sola essenza, finalmente libera dal pesante drappeggio della messinscena che si era cucita addosso quando Gerard era entrato nella sua vita.

Federico si alzò e si avvicinò a lei, portando una mano verso il volto, ora disteso, della donna. Con le dita scostò una ciocca dei suoi indomabili capelli e la carezzò, cercando di rassicurarla. Si girò verso la guardia, la quale assisteva alla scena da dietro il vetro della finestra che, dall'ufficio, dava sul corridoio e con la testa gli fece cenno di entrare.

– Mia madre ha bisogno di aiuto. Chiami qualcuno, – lo pregò con la calma che ormai regnava nella stanzetta, riscaldata da rinnovato affetto e improvvisa comprensione. Il secondino stava lì di fronte, incerto di aver capito bene cosa gli fosse stato chiesto. Federico scandì le parole come per comunicare a se stesso la sentenza di un processo, intimamente riaperto. – Mia madre è malata! È sempre stata malata...

RICONOSCIMENTI

Maria Silvia Avanzato, nata a Bologna nel 1985, ha vinto numerosi concorsi letterari con racconti e romanzi scritti dall'età di cinque anni, tra i quali *"Ratafià per l'assassino"*, *"Granturco su foglia di the"*, *"L'età dei lupi"*, *"Cipria Vaniglia"*, *"Il morso degli angeli"* e le ultime due opere di recente pubblicazione *"Crune d'aghi per cammelli"* (Fazi editore) e *"Adamante"* (Edizioni della Sera). Scrive articoli per il web, soggetti teatrali e testi musicali. Le piace oscillare fra ironia e noir e convive con un editor inflessibile dai ferrei giudizi: sua nonna.

Elisa Cattini è nata a Carpi nel 1972, dove vive con il compagno e il figlio. La scoperta della scrittura è piuttosto recente e nasce da una profonda trasformazione personale, durante la quale ha constatato che mettere i pensieri su carta è un'utilissima terapia e una grande opportunità di auto-analisi. Ha deciso di frequentare diversi corsi di scrittura e ha esordito con racconti di genere noir. Al contrario, nella vita sostiene la filosofia del sorriso e fa parte di un'associazione di Clown di corsia che operano in ospedale secondo il modello della *clown therapy*. Ama leggere ovunque e scrivere sul ciglio della strada perché, dice, "l'ispirazione mi coglie spesso mentre sono in viaggio e lo sguardo si libera lontano, verso l'orizzonte".

INDICE

Collana Aset